LA GUERRE DE CENT ANS

La lutte franco-anglaise
pour la domination de l'Europe centrale

Par Marie Fauré
Sous la direction de Benoît-Joseph Pedretti

50MINUTES.fr

LA GUERRE DE CENT ANS

INTRODUCTION

Célèbre conflit du Moyen Âge, la guerre de Cent Ans est l'un des plus longs affrontements directs entre deux grandes puissances. Elle oppose, entre 1337 et 1453, les deux plus importantes monarchies de l'Occident médiéval : la France et l'Angleterre. Lorsqu'en 1337 le roi d'Angleterre Édouard III revendique son droit à la couronne de France, il entre de plain-pied dans les querelles dynastiques que se livrent les Plantagenêts et les Valois. Mais l'objectif réel s'avère bien plus important que cela puisqu'il consiste en rien de moins qu'en l'acquisition de la domination politique et économique sur l'Europe occidentale. Plus d'un siècle plus tard, lors de l'ultime reddition de la ville de Bordeaux en 1453, cette rivalité a pris la forme d'une véritable guerre opposant deux nations. Les armées ne se sont toutefois pas battues sans interruption durant

116 ans, les épisodes guerriers étant espacés par de nombreuses périodes de trêve.

Alors que les siècles précédents étaient prospères, les malheurs semblent s'abattre sur le monde médiéval en ce début de XIVe siècle. En 1347, la Grande Peste et la famine ravagent le peuple, de même que les nombreuses campagnes qui ont lieu durant la guerre de Cent Ans. Celles-ci se révèlent particulièrement destructrices et meurtrières.

Les forces des belligérants sont, à première vue, déséquilibrées. La France bénéficie en effet d'un grand rayonnement économique, culturel et démographique (elle compte 15 millions d'habitants au début du siècle), tandis que l'Angleterre est faiblement peuplée (moins de 5 millions d'habitants) et déjà engagée dans une guerre contre l'Écosse. Pourtant, c'est bien elle qui a l'avantage entre 1337 et 1360. La France reconquiert ensuite ses territoires jusqu'en 1415, année qui voit les Anglais reprendre le dessus. L'arrivée de Jeanne d'Arc (héroïne française, 1412-1431), l'alliance avec la Bourgogne et la réforme de l'armée donnent finalement l'avantage à la France, qui remporte la guerre en 1453. Les Anglais ne possèdent désormais plus aucun territoire sur le continent, à l'exception de Calais.

Capitale à bien des niveaux, la guerre de Cent Ans fait entrer les monarchies européennes dans l'ère de la modernité et donne naissance à un sentiment national jusque-là inexistant, marquant ainsi un tournant dans l'histoire et dans l'évolution de l'Europe.

DONNÉES CLÉS

- **Quand ?** De 1337 à 1453.
- **Où ?** En France.
- **Contexte ?** Le roi de France étant décédé sans héritier direct, le trône est laissé vacant. S'en suit une longue querelle qui oppose la France à l'Angleterre durant une centaine d'années afin d'obtenir la domination politique et économique sur l'Europe occidentale.
- **Belligérants ?** La France opposée à l'Angleterre.
- **Acteurs principaux ?**
  - Édouard III, roi d'Angleterre et duc de Guyenne (1312-1377).
  - Bertrand du Guesclin, connétable de France (1315/1320-1380).
  - Charles VII, roi de France (1403-1461).
- **Issue ?** Victoire de la France.
- **Victimes ?** Le nombre de victimes, directes et indirectes, est difficile à estimer.

CONTEXTE

UN ROI D'ANGLETERRE VASSAL DU ROI DE FRANCE

Les liens qui unissent les royaumes de France et d'Angleterre remontent au XIe siècle. En 1066, Guillaume le Conquérant (vers 1028-1087) s'empare de l'île anglo-saxonne lors de la bataille d'Hastings, unissant ainsi le destin des deux nations.

Il faut attendre le siècle suivant pour voir apparaître l'une des principales causes de tensions entre les deux royaumes : la prise de possession du duché d'Aquitaine par les rois d'Angleterre. En 1137, Aliénor, duchesse d'Aquitaine et comtesse de Poitou (vers 1122-1204), épouse le roi de France Louis VII (1120-1180). Mais les relations entre les deux époux se dégradent rapidement, et Louis le Jeune, autant pour sauver son honneur que pour remédier à l'absence d'héritier mâle, répudie sa femme en invoquant un degré de parenté prohibé par l'Église. Quelques mois plus tard, Aliénor épouse Henri Plantagenêt (1133-1189), l'héritier de la couronne anglaise. Elle devient reine d'Angleterre en 1154. Le duché d'Aquitaine qui lui appartient échappe donc à la domination française. Depuis lors, les rois français tentent par tous les moyens de récupérer les territoires soumis à la domination des Plantagenêts. Le roi de France Philippe II Auguste (1165-1223) parvient, par les armes et la diplomatie, à récupérer la plus grande partie des terres, à l'exception de la Guyenne (altération du mot Aquitaine). Ce n'est qu'en 1259 que le traité de Paris, conclu entre Louis IX (1214/1215-1270), roi de France, et Henri III (1207-1272), roi d'Angleterre, règle pour un temps du moins le statut du duché. Si Henri III garde bien le titre de duc d'Aquitaine, il doit en retour prêter hommage au roi de France. À la veille de la guerre de Cent Ans, la situation est donc particulièrement ambiguë : le roi d'Angleterre se trouve à la fois souverain en son royaume, et vassal du roi de France pour l'Aquitaine, ce qu'il n'accepte que difficilement.

Durant le Moyen Âge, des liens personnels unissent un seigneur et son vassal. Par la cérémonie de l'hommage, le vassal jure fidélité à son seigneur et s'engage à le servir en le conseillant et en le soutenant militairement, cette dernière partie constituant le service d'ost. En échange, le seigneur s'engage à apporter protection et justice à son vassal. L'hommage est personnel et doit donc être renouvelé à chaque succession de l'une des deux parties.

Ce rapport de soumission au nouveau roi de France, Philippe VI (1293-1350), est d'autant plus difficile à accepter pour Édouard III, puisque le Valois n'est qu'un fils de comte, alors que lui est fils de roi.

UN TRÔNE LAISSÉ VACANT

C'est dans ce contexte que survient un événement sans précédent dans la dynastie capétienne, à la tête du royaume de France depuis plus de trois siècles : le roi Charles IV le Bel (vers 1295-1328), dernier fils de Philippe IV le Bel (1268-1314), meurt en 1328 sans laisser d'héritier mâle. Les grands du royaume doivent par conséquent choisir entre deux prétendants : Philippe de Valois (1293-1350), cousin germain du roi défunt, et Édouard III, petit-fils de Philippe le Bel par sa mère, neveu du défunt monarque et roi d'Angleterre. Les pairs de France, voyant d'un mauvais œil le regroupement des deux couronnes au profit de l'Anglais, choisissent de reconnaître le Valois comme roi de France. Il est sacré sous le nom de Philippe VI. Ils justifient ce choix par le respect de la loi salique qui exclut les femmes de toute succession et transmission du pouvoir. Édouard III, préoccupé par les affaires d'Écosse, ne conteste pas cette décision et prêtera même hommage au nouveau roi en 1329, au nom de l'Aquitaine, comme simple duc.

LA LOI SALIQUE

La loi salique est officiellement présentée par les théoriciens de cette époque comme une loi héritée des Francs saliens, un peuple ayant vécu au Ve siècle. En réalité, elle est inventée de toutes pièces en 1316 pour écarter de la succession du roi Louis X (1289-1316) sa fille Jeanne (1311-1349), dont la légitimité est contestée suite à des accusations d'adultère visant la reine. À partir de cette date, les femmes sont officiellement exclues du pouvoir dans le royaume de France. En 1328, la loi est modifiée afin de les exclure également du droit au trône. Isabelle de France (vers 1292-1358), mère d'Édouard III, ne peut donc ni être l'héritière de la Couronne ni transmettre ce droit à sa descendance.

À partir des années 1332-1333, les motifs de discorde s'accumulent. Le roi de France apporte son soutien à la révolte écossaise menée contre les Anglais, respectant en cela une série de traités signés au siècle passé. En outre, l'agitation qui règne en Flandre, placée par l'hommage sous la protection de la couronne française, met à l'épreuve les alliances des deux royaumes. Édouard III y soutient en effet la révolte des villes drapières et décrète un embargo sur la laine, fragilisant ainsi fortement l'économie du comté. Enfin, alors que Philippe VI réunit en 1335 une flotte pour partir en croisade, l'Angleterre y voit une menace d'invasion et réunit une coalition contre la France. En réponse, le roi confisque le duché d'Aquitaine le 24 mai 1337. Édouard III réagit en revendiquant son droit à la couronne de France. À la Toussaint 1337, il envoie ainsi l'évêque de Lincoln à Paris pour apporter ses lettres de défi à « Philippe de Valois, qui se dit roi de France » (GAUVARD (Claude), *La France au Moyen Âge du Ve au XVe siècle*, Paris, PUF, p. 380). Suite à cette injure faite à l'honneur du monarque, la guerre est déclarée.

Au-delà de la querelle dynastique et de la volonté d'Édouard III de se dégager de son hommage au roi de France, les enjeux des deux royaumes sont principalement économiques et stratégiques. De la Flandre à l'Aquitaine, il est bien question de la maîtrise des débouchés maritimes et des régions les plus riches du continent. La Flandre et le Hainaut restent les premiers débouchés pour l'exportation des laines anglaises, et leur alliance avec l'Angleterre est encore confortée par le mariage d'Édouard III avec Philippa de Hainaut (1314-1369), en 1328. L'Aquitaine, quant à elle, qui donne accès à l'Atlantique, est la clé du commerce du vin. De plus, elle offre aux troupes anglaises un appui et une base sur le continent depuis trois siècles.

La crise de succession du royaume de France - Tableau généalogique

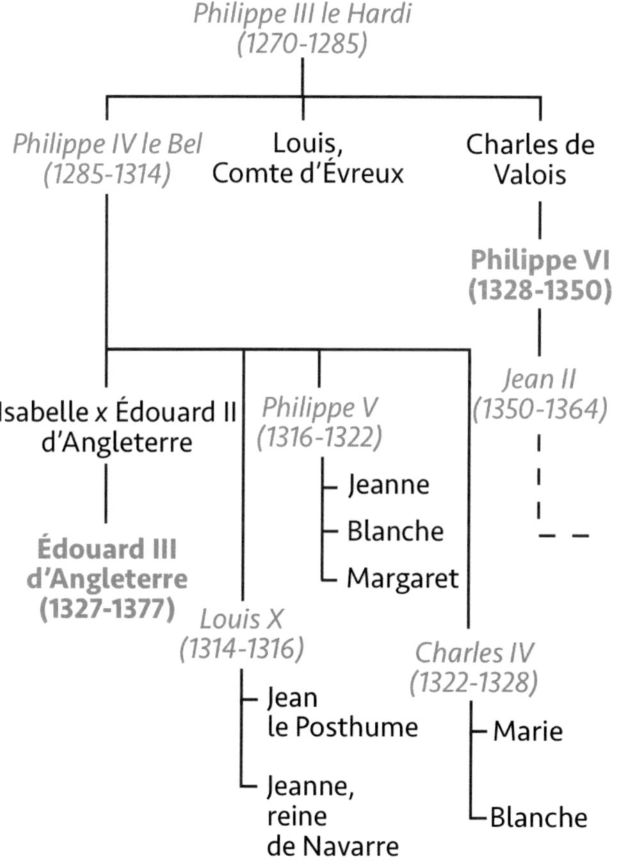

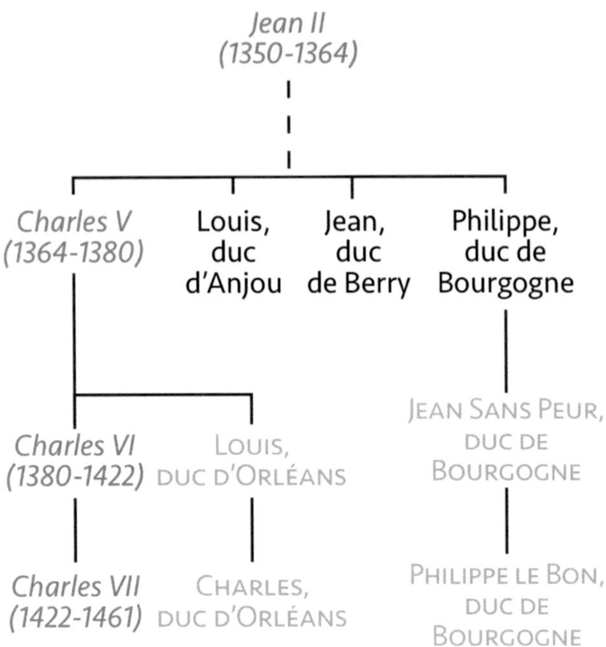

Jean II
(1350-1364)

Charles V
(1364-1380)
Louis, duc d'Anjou
Jean, duc de Berry
Philippe, duc de Bourgogne

Charles VI
(1380-1422)
Louis, duc d'Orléans
Jean Sans Peur, duc de Bourgogne

Charles VII
(1422-1461)
Charles, duc d'Orléans
Philippe le Bon, duc de Bourgogne

(....-....) Dates de règne
Gras Prétendants au trône de France, 1337
Italique Rois de France
Capitales Protagonistes guerre civile en France, 1407-1435

ACTEURS PRINCIPAUX

ÉDOUARD III, ROI D'ANGLETERRE ET DUC DE GUYENNE

Fils du roi d'Angleterre Édouard II (1284-1327) et d'Isabelle de France, Édouard III est, dès son plus jeune âge, un enjeu de la lutte de pouvoir que se livrent ses parents. En 1325, alors qu'il n'a que 13 ans, il reçoit les titres de duc d'Aquitaine et de comte de Ponthieu, pour lesquels il rend hommage au roi de France Charles IV. En 1328, sa mère le proclame roi d'Angleterre, forçant ainsi son père à abdiquer.

Son règne, long de 50 ans, est marqué par les guerres et les crises politiques. Sa première opération militaire, menée contre l'Écosse dès l'été 1327, se solde par des négociations forcées avec Robert Ier Bruce (roi d'Écosse, 1274-1329). Alors que les affrontements se poursuivent, Édouard III se concentre pourtant de plus en plus sur les affaires françaises. La montée des tensions entre celui-ci et le roi de France Philippe VI, liées principalement aux possessions anglaises sur le continent, mène au déclenchement de la guerre dite de Cent Ans. En janvier 1340, Édouard III prend le titre et les armoiries du roi de France.

S'il multiplie tout d'abord les victoires grâce à la stratégie de la chevauchée et à l'usage de troupes très mobiles, les caisses royales se vident peu à peu, entraînant plusieurs graves crises politiques au cours de son règne. Durant les périodes de trêve, Édouard III réorganise donc son royaume dans les domaines de la justice, de la monnaie, de l'impôt et des finances. Il développe également l'industrie du drap, afin de rendre la France moins dépendante de la Flandre. En outre, les victoires éclatantes qu'il a remportées sur le sol français sont l'occasion pour lui de mettre en avant l'idéal chevaleresque en créant le très noble ordre de chevalerie de la Jarretière en 1348, à l'occasion de la célébration des victoires de Crécy (1346) et de Calais (1347).

La bataille de Crécy, illustration issue des Chroniques de Jean Froissart, XVe siècle.

Quelques années plus tard, alors que sa santé se dégrade, il est obligé de se tenir à l'écart des affaires du royaume. Il meurt le 21 juin 1377, alors que son pays connaît une nouvelle crise parlementaire. Très apprécié par le peuple, Édouard III laisse derrière lui l'image d'un roi aux qualités remarquables de combattant et de commandement que ses successeurs salueront.

BERTRAND DU GUESCLIN, CONNÉTABLE DE FRANCE

Aîné d'une famille de la petite noblesse bretonne, Bertrand Du Guesclin fait ses armes dès 1341 aux côtés de Charles de Blois (duc de Bretagne, 1319-1364) durant la guerre de la Succession de Bretagne. C'est au cours du siège de Rennes (octobre 1356-juillet 1357) qu'il est adoubé chevalier. Quelques mois plus tard, en décembre 1357, il entre au service du dauphin de France, le futur Charles V (1338-1380).

Dès 1360, il se consacre à débarrasser le territoire français des Grandes Compagnies, des bandes de mercenaires sans employeur depuis la fin des combats, qui ravagent le pays. Il les mène jusqu'en Castille où deux prétendants se disputent le trône, Henri de Trastamare (1334-1379) et Pierre le Cruel (1334-1369). Il est fait prisonnier le 3 avril 1367 lors de la bataille de Nájera par l'héritier du trône d'Angleterre, Édouard le Prince Noir (prince de Galles et d'Aquitaine, 1330-1376), le fil d'Édouard III.

Après la victoire finale d'Henri de Trastamare en 1369, et alors que les hostilités reprennent en France, Bertrand Du Guesclin est nommé connétable de France par Charles V. Il devient rapidement l'un des chefs de guerre les plus actifs dans la reconquête française des années 1370. Il meurt lors du siège de Châteauneuf-de-Randon, le 13 juillet 1380, et est inhumé, sur ordre du roi, dans la nécropole royale de Saint-Denis.

Mort de Bertrand Du Guesclin au siège de Randon, illustration présente dans un manuscrit de Jean de Wavrin, XVe siècle.

Déjà célèbre de son vivant, Bertrand Du Guesclin entre dans la légende peu de temps après sa mort. Homme aussi habile, loyal et courageux que brutal et impitoyable, il incarne pour les Français la résistance à l'ennemi anglais. Il devient, en 1407, le héros tutélaire des Armagnacs puis un héros national aux côtés de Jeanne d'Arc.

CHARLES VII, ROI DE FRANCE

Fils cadet de Charles VI (1368-1422) et d'Isabeau de Bavière (vers 1371-1435), Charles devient dauphin du royaume de France en 1417, après la mort de ses deux frères aînés. Un an plus tard, lors de la prise de Paris par les Bourguignons, il fuit avec les Armagnacs et se réfugie à Bourges. Il s'y proclame régent du royaume, son père étant atteint de démence depuis 1392. Indirectement responsable de l'assassinat du duc de Bourgogne Jean sans Peur (1371-1419), il est écarté de la succession au trône par le traité de Troyes de 1420. Il s'attache alors à organiser son gouvernement depuis son apanage du Berry, et prend le titre de roi à la mort de son père en 1422, ce qui lui vaut d'être surnommé le roi de Bourges.

Avec l'aide d'une jeune paysanne lorraine du nom de Jeanne d'Arc, il parvient à reconquérir la vallée de la Loire. Il est ensuite conduit à Reims pour y être sacré et couronné roi de France selon la tradition, le 17 juillet 1429. Dès lors, sa position se renforce. Il signe la paix d'Arras en 1435, qui lui assure la neutralité du duc de Bourgogne, et parvient à réunifier le royaume puis à reprendre Paris l'année suivante. Après la victoire de Castillon en 1453, qui lui vaut d'être surnommé le Victorieux, il chasse les Anglais du continent, à l'exception de la ville de Calais qui reste un bastion britannique. Charles VII profite également des années de trêve pour réorganiser totalement l'armée et renforcer le système fiscal français.

Jeanne d'Arc à Reims lors du couronnement de Charles VII, tableau de Jules Eugène Lenepveu, 1886.

La fin de son règne est marquée par l'affirmation de l'autorité royale aux dépens des grands nobles et par l'amorce d'une reprise économique. Il décède en 1461 dans des circonstances floues, certains éléments laissant suggérer un possible empoisonnement par son fils le dauphin Louis. S'il jouit après sa mort d'un certain prestige au niveau européen, il ne laisse guère dans les esprits l'image d'un roi chevalier victorieux, étant resté dans l'ombre de héros de la nation tels que Jeanne d'Arc.

LA GUERRE DE CENT ANS

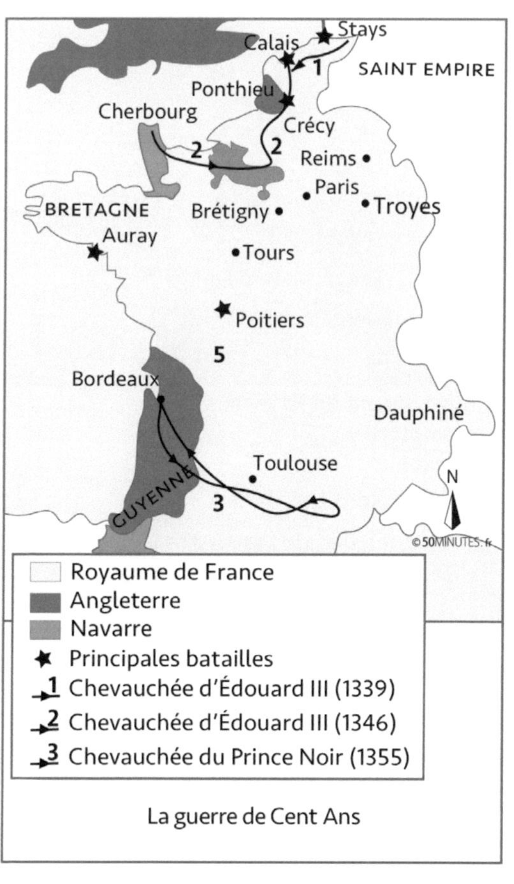

La guerre de Cent Ans

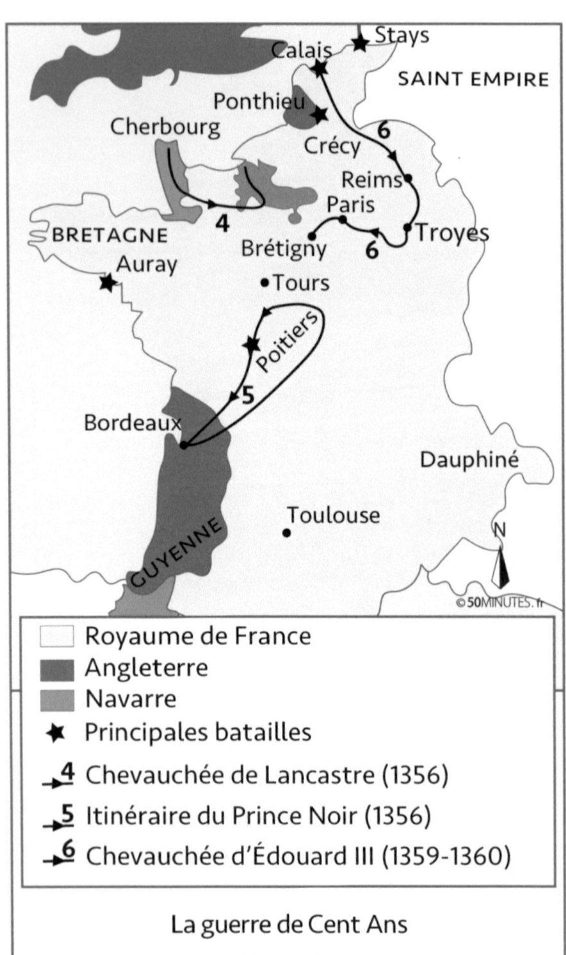

La guerre de Cent Ans

L'ÉCRASANTE DOMINATION ANGLAISE

Les débuts de la guerre (1337-1340)

Si la guerre est officiellement déclarée en 1337, il faut attendre plusieurs années avant que n'aient lieu les premiers affrontements. Philippe VI n'a en effet pas d'intérêt à attaquer Édouard III sur le sol anglais ; et ce dernier est en proie à de graves problèmes financiers engendrés par la guerre d'Écosse et les nombreuses alliances à entretenir.

Ce n'est que le 24 juin 1340 que débutent les hostilités lors de la bataille navale dite de l'Écluse qui a lieu devant l'avant-port de Bruges, en Flandre. L'inexpérience de l'armée française en matière de bataille navale, la faible participation de la noblesse ainsi que les nombreuses erreurs stratégiques font de ce premier combat un désastre pour le camp français qui perd les trois quarts de ses vaisseaux. Malgré sa victoire, Édouard III est contraint de rentrer en Angleterre pour calmer les mécontentements populaires relatifs aux dettes qui ne cessent de s'accumuler.

L'année suivante, c'est en Bretagne que se porte la bataille. Jean III (duc de Bretagne, 1268-1341) venant de mourir sans héritier, une guerre de succession s'ouvre entre sa nièce, Jeanne de Penthièvre (1319-1384), épouse de Charles de Blois, le neveu de Philippe VI, et Jean IV de Montfort (1295-1345), demi-frère du défunt, allié des Anglais. Édouard III apporte son aide à ce dernier, voyant dans sa querelle la possibilité pour lui d'augmenter son contrôle sur la façade atlantique du continent.

Des organisations militaires différentes

En ce milieu du XIVe siècle, les effectifs disponibles et les stratégies militaires diffèrent entre les deux adversaires. L'armée française reste, dans un premier temps, attachée aux traditions du service et de la prééminence de la chevalerie. Pour former une armée, il existe plusieurs modes de recrutement. Il y a tout d'abord le service d'ost, dû par les vassaux à leur seigneur, qui dure 40 jours pendant l'année, toute prolongation de service impliquant un dédommagement financier. À celui-ci s'ajoute l'arrière-ban, c'est-à-dire l'ensemble des hommes libres âgés entre

18 et 60 ans, ainsi que les milices urbaines. Enfin, le roi fait également appel à des mercenaires, principalement des arbalétriers génois et des soldats écossais. Philippe VI parvient ainsi à aligner une armée de 50 000 hommes en quelques semaines, mais le coût engendré par une telle mobilisation ne lui permet pas de maintenir l'ensemble de ces hommes pendant plus de quatre mois par an. La force du nombre est fortement atténuée par un manque de souplesse et d'unité dans les rangs français, ainsi que par un mépris certain qu'éprouve la plupart des nobles pour la piétaille (nom donné aux hommes de pied dans les armées médiévales).

Du côté anglais, Édouard III a su tirer des leçons de la guerre d'Écosse et ne fait que très rarement appel aux levées féodales. Il privilégie une armée salariée, grâce à un système de contrats liant le roi à ses capitaines, ainsi que les capitaines à leurs soldats. Si les troupes anglaises ne comptent jamais plus de 10 000 hommes, celles-ci se montrent particulièrement mobiles et efficaces. C'est pourquoi Édouard III privilégie la tactique de la chevauchée. Au cours de ces opérations, le roi, ou l'un de ses fils, débarque en Normandie ou en Aquitaine, alors entre leurs mains, avec plusieurs milliers de soldats. De là, ils traversent le royaume de France, prenant villes et châteaux sur leur passage et entassant leur butin dans des chariots pour le ramener à Bordeaux ou dans une autre tête de pont établie sur le continent. Ces opérations ne durent en général que quelques mois et ont lieu en été ou en automne. Si certaines sont couronnées de succès, d'autres se soldent par de cuisants échecs, dus notamment à un manque de fourrage, à la propagation d'épidémies ou au poids trop important des convois.

Le temps des grandes chevauchées (1345-1347)

Après avoir remis de l'ordre dans son royaume, Édouard III envoie en 1345 ses armées sur le continent qu'il répartit sur trois fronts : l'une est envoyée en Bretagne, l'autre en Flandre et la dernière en Gascogne. Il débarque à son tour en Normandie en juillet 1346 et mène une grande chevauchée en direction du nord.

Si l'armée anglaise cherche à ne pas mener de batailles rangées, qui s'avèrent souvent très meurtrières, celles-ci sont parfois inévitables.

C'est ainsi que, le 26 août 1346, les armées française et anglaise se rencontrent à Crécy. Alors que l'usage veut que les gens de trait (archers et arbalétriers) engagent le combat avant la charge de la cavalerie, les cavaliers français décident de se jeter directement à l'assaut de leurs ennemis afin de prouver leur bravoure et leur supériorité sur des soldats issus du peuple, n'hésitant pas à écraser leur propre piétaille. Les archers anglais font des ravages grâce à l'usage du longbow, un arc ayant une portée de près de 250 mètres. Au cours de la bataille, on déplore la mort de plus de 1 500 hommes dans les rangs de la chevalerie française, parmi lesquels se trouve le frère du roi. On note également pour la première fois dans une bataille rangée la présence de canons sur le champ de bataille, mais ceux-ci ont, à l'époque, davantage un rôle dissuasif.

La bataille de Crécy, illustration apparaissant dans Les Grandes Chroniques de France, vers 1415.

Sorti victorieux de la bataille, Édouard III poursuit sa chevauchée et assiège la ville de Calais le 4 septembre 1346. Face à la défection de Philippe VI, les Calaisiens se rendent le 3 août 1347. La ville est vidée de ses habitants et restera un bastion avancé des Anglais sur le continent jusqu'en 1558.

Parallèlement à ses succès en Normandie, l'Angleterre voit ses alliés triompher en Bretagne où Charles de Blois est capturé, alors que l'Écosse subit une importante défaite dans le Nord de l'Angleterre en 1346. Édouard III ne peut toutefois pas exploiter ces succès puisque survient l'une des épidémies les plus dévastatrices de l'histoire de l'Occident : la Peste noire.

La bataille de Poitiers et la capture du roi de France (1355-1360)

Les hostilités reprennent en 1355 avec une chevauchée menée par Édouard de Woodstock, dit le Prince Noir, fils et héritier d'Édouard III. Parti de Bordeaux au début du mois d'octobre, il mène ses troupes pendant deux mois jusque dans le Roussillon. À Poitiers, il rencontre l'armée française le 19 septembre 1356. La bataille se solde par un nouveau désastre pour les Valois, et le roi de France, Jean II le Bon (1319-1364), est capturé. Alors que l'agitation est de plus en plus forte à Paris, le dauphin, le futur Charles V, dont l'autorité est contestée, conclut une trêve de deux ans avec Édouard III en 1357.

Charles de Blois fait prisonnier, illustration apparaissant dans les Chroniques de Jean Froissart, vers 1410.

Dans ce contexte troublé, plusieurs révoltes déstabilisent temporairement le royaume de France en 1358. Au début de l'année, le prévôt des marchands de Paris, Étienne Marcel (vers 1316-1358), appelle en effet le peuple de Paris à l'insurrection, alors que, dans les campagnes du Beauvaisis, les paysans, nommés les Jacques, se soulèvent contre la noblesse le 28 mai suivant, entraînant avec eux les campagnes de Normandie et de l'Auxerrois. Ces soulèvements se terminent dans le sang, peu après le décès d'Étienne Marcel le 31 juillet.

Une fois la trêve expirée entre la France et l'Angleterre à l'été 1359, Édouard III, en position de force, réunit une nouvelle armée à Calais. Il souhaite en effet atteindre Reims pour s'y faire sacrer roi de France. Mais la ville résiste farouchement et le monarque anglais est contraint d'entamer des négociations avec le dauphin de France.

LA FRANCE ET L'ANGLETERRE, ENTRE GUERRES EXTÉRIEURES ET CRISES INTERNES

Le traité de Brétigny et l'exportation du conflit (1360-1369)

Le 8 mai 1360, alors qu'il est toujours retenu prisonnier, Jean II est contraint de signer le traité de Brétigny qui garantit au roi d'Angleterre la souveraineté de Calais, du Ponthieu, de l'Aquitaine, de la Gascogne, du Quercy, du Limousin et de l'Agenais, soit quasiment un tiers du royaume, en échange du renoncement à ses prétentions sur le trône de France. Cet accord fixe également la rançon de Jean II à trois millions de livres, ce qui équivaut à deux années de recettes pour le royaume de France. C'est un véritable désastre.

Ce traité met temporairement un terme aux opérations militaires entre les deux pays, ruinés par la guerre, la maladie et la famine. La paix est conclue à Calais le 24 octobre 1360. Si les décisions prises à Brétigny sont ratifiées par Édouard III et Jean II, les renonciations qui en découlent restent en suspens pendant longtemps. Les régions nouvellement conquises par l'Angleterre montrent en effet des réticences à se soumettre à leur nouveau seigneur, et de nombreuses villes ferment leurs portes à l'arrivée des officiers anglais. Pour autant, on peut considérer qu'en 1362 les clauses territoriales sont appliquées. En plus de cette réorganisation, la France doit également régler le problème de la rançon du roi. Libéré en échange d'otages, celui-ci peine à réunir la somme nécessaire. Jean II meurt à Londres sans avoir pu s'acquitter de son dû, et Charles V lui succède. Malgré le traité, les affrontements se poursuivent de manière indirecte, notamment en Bretagne.

Quelques années plus tard, un nouveau conflit s'ouvre par alliés interposés dans le cadre de la succession de Castille. Charles V confie à Du Guesclin la mission de mener les Grandes Compagnies en Espagne. S'il est défait par le Prince Noir durant la bataille de Nájera en 1367, il parvient toutefois à faire triompher son allié Henri de Trastamare à Montiel en 1369.

En 1367, devant le refus de Pierre le Cruel de payer les soldes promises, le Prince Noir décide, l'année suivante, de se dédommager sur sa principauté d'Aquitaine, en imposant une nouvelle taxe. Le comte Jean d'Armagnac (vers 1306-1373) rejette ce nouvel impôt et en appelle au roi de France. Il est suivi dans sa démarche par de nombreux seigneurs gascons. Charles V décide de relever l'appel et convoque le Prince Noir à Paris en 1369. En réponse, celui-ci fait assassiner les deux messagers royaux. Édouard III, malgré les clauses du traité de Brétigny, reprend alors le titre de roi de France, abandonné en 1360. Le 30 novembre 1369, Charles V prononce à nouveau la confiscation de la Guyenne.

La reprise des hostilités en France (1369-1380)

La montée des tensions débouche sur la reprise des hostilités en France. Entre-temps, l'armée française a bien changé : Charles V a décidé d'appliquer le modèle anglais des contrats à ses hommes. À l'image de son ennemi, il garde ainsi à sa disposition un noyau permanent d'environ 3 000 soldats, qui peut doubler lors des campagnes militaires. Enfin, le roi ne se place plus en première ligne, mais reste en retrait afin d'assurer le commandement de ses troupes. Il s'appuie en outre davantage sur des chefs de guerre choisis avec soin, tels que Bertrand Du Guesclin qui reçoit l'épée de connétable en 1369. Charles V s'assure également un réseau d'alliances avec la Castille et l'Écosse, et obtient la neutralité de la Flandre.

Malgré une trêve de deux ans (1375-1377), les opérations se poursuivent, même si aucune grande bataille n'a lieu durant cette période, les protagonistes privilégiant une guerre d'usure afin d'affaiblir l'autre. Dans le but d'empêcher les Anglais de renouveler les grandes chevauchées qui avaient fait leur succès, les Français renforcent les fortifications des villes et n'hésitent pas à avoir recours à la technique de la terre brûlée, laissant les Anglais sans ressources. Les Français usent également des nouvelles pièces d'artillerie, telles que des canons de cuivre et de fer, qui viennent compléter les traditionnelles armes de lancer à contrepoids.

Les combats reprennent donc de plus belle, alors que la situation est particulièrement difficile pour l'Angleterre. Édouard III, trop âgé, est incapable de diriger son royaume, alors que son héritier guerroie en Castille et en Aquitaine. Celui-ci décède le 8 juin 1376, suivi par son père le 21 juin 1377. Les Français comptent bien profiter de cette faiblesse pour poursuivre leurs conquêtes. Malgré les réticences de Bertrand Du Guesclin, Charles V tente de mettre la main sur la Bretagne, sans succès.

L'année 1380 voit la mort de Du Guesclin et de Charles V. Les deux royaumes étant tous deux dans une position délicate, les combats cessent, les Anglais ne gardant que la possession de Calais, Brest, Bordeaux et Bayonne.

La guerre mise entre parenthèses (1380-1415)

En 1380, les deux royaumes sont en proie au doute. Malgré la dynamique de victoires et la réorganisation de l'impôt, la France s'essouffle financièrement. Le nouveau roi, Charles VI n'a alors que 12 ans. Du côté anglais, les morts successives du Prince Noir et d'Édouard III ont déstabilisé le royaume. Le jeune Richard II (1367-1400), fils d'Édouard de Woodstock, est âgé d'à peine 10 ans lors de son accession au trône en 1377. C'est son oncle, Jean de Gand (1340-1399), qui assure la régence. Celui-ci n'entend pas laisser les Français profiter de leur reconquête territoriale, et tente de lever une nouvelle taxe en 1381 afin de financer une campagne militaire. Mais, la population, usée par les guerres et la peste, se révolte. Si ce soulèvement n'a pas l'effet escompté, il atteint malgré tout la capitale du royaume, obligeant le jeune roi à se réfugier dans la Tour de Londres.

Durant son règne, Richard II cherche à consolider son pouvoir intérieur et préconise donc la paix avec la France. Si les combats s'arrêtent bien d'eux-mêmes en 1380, aucune trêve n'est pourtant signée. Alors que les Anglais combattent en Castille, les Français nourrissent divers projets de débarquement en Angleterre entre 1386 et 1387, sans résultat. Une trêve est finalement signée en 1388, suivie par une autre, valable cette fois jusqu'en 1426. Ce dernier pacte est scellé par la restitution de Brest à la France ainsi que par le mariage de Richard II à la fille de Charles VI, Isabelle de Valois (1389-1409).

Pendant ce temps, la situation en France se dégrade. Si les années 1380-1390 sont marquées par un retour à la prospérité, Charles VI, de plus en plus en proie à des crises de démence, n'est plus capable de gouverner et laisse le royaume sous la domination des grands et de leurs querelles. C'est ainsi qu'éclate la guerre entre les Armagnacs et les Bourguignons, suite à l'assassinat du frère du roi, Louis d'Orléans (1372-1407), le 23 novembre 1407, par l'un des hommes de Jean sans Peur. La situation n'est guère meilleure en Angleterre où Richard II doit également faire face à une fronde menée par le duc de Cornouaille Henri de Lancastre (1366-1413). Le 26 septembre 1399, Richard II est forcé d'abdiquer au profit de son ennemi qui prend le nom d'Henri IV. Mais ce dernier décède en 1413, laissant le trône à Henri V (1387-1422). Bien décidé à restaurer l'ordre et l'unité du royaume, ce dernier perçoit dans la guerre opposant son pays à la France le moyen de parvenir à ses fins.

La guerre civile entre les Armagnacs et les Bourguignons

Les Armagnacs et les Bourguignons représentent deux grands partis français qui s'opposent tant dans leurs conceptions politiques que dans leur rapport à l'ennemi anglais.

Suite à l'assassinat de Charles d'Orléans par Jean sans Peur, les deux partis doivent se rencontrer à Montereau pour entamer des discussions le 10 septembre 1419. Mais, au cours de l'entrevue, Jean sans Peur est tué par les Armagnacs, soutenus par le dauphin Charles. Immédiatement, le nouveau duc de Bourgogne, Philippe le Bon (1396-1467), se range du côté des Anglais. Ce n'est qu'en 1435, lors du congrès d'Arras, que les deux factions se réconcilient, la Bourgogne revenant dans le giron français.

LA RECONQUÊTE ANGLAISE

La mainmise de l'Angleterre sur la France (1415-1420)

Dès 1415, Henri V organise un débarquement en Normandie et fait le siège d'Harfleur. Une fois la ville prise, il décide de mener ses 15 000 hommes à Calais pour y passer l'hiver. Afin de lui couper la retraite, Charles VI lève des troupes et envoie ses hommes intercepter ceux du roi d'Angleterre. La rencontre a lieu à Azincourt le 25 octobre. Les erreurs de commandement et l'inadéquation de la stratégie font de cette bataille une catastrophe pour l'armée française, pourtant en supériorité numérique puisqu'elle ne compte pas moins de 50 000 hommes. L'endroit choisi pour l'affrontement, trop étroit, ne permet pas le déploiement des forces françaises, trop nombreuses. En outre, les chevaliers français refusent une nouvelle fois de laisser la piétaille entamer le combat, et lancent l'attaque dans des champs rendus boueux par les pluies d'automne. À l'issue de la bataille, on dénombre près de 10 000 morts du côté français, parmi lesquels les plus grands nobles du royaume, contre seulement 1 600 du côté anglais.

La bataille d'Azincourt, miniature tirée de l'Abrégé de la chronique d'Enguerrand de Monstrelet, XVᵉ siècle.

Le retentissement d'Azincourt est tel que Sigismond (empereur du Saint Empire romain germanique, 1368-1437) intervient en 1416 pour tenter de négocier la paix entre la France et l'Angleterre. Mais Henri V rejette sa demande, bien décidé à tirer parti de son avantage. Il débarque à nouveau en Normandie en 1418 et s'empare du duché. Au printemps 1419, les Anglais atteignent les portes de Paris. Parallèlement, Henri V s'immisce dans la guerre civile qui oppose les Bourguignons et les Armagnacs, et conclut, en décembre 1419, un accord avec Philippe le Bon. La Bourgogne étant le duché le plus puissant de France, en faire son allié offrait donc à l'Angleterre de plus grandes chances de remporter le conflit.

Aux abois, la reine Isabeau de Bavière est contrainte de signer le désastreux traité de Troyes le 21 avril 1420, par lequel le dauphin est évincé de la succession au profit du roi d'Angleterre, Henri V. Pour sceller cet accord, celui-ci épouse la fille de Charles VI, Catherine de France (1401-1437). Le roi d'Angleterre fait son entrée dans Paris en décembre 1420.

Entre tâtonnements et confusion (1420-1429)

Henri V poursuit son œuvre de conquête et réunit une grande armée à Calais. Le dauphin Charles résiste et remporte la bataille de Baugé (22 mars 1421), dans le Maine, assurant ainsi la survie de son royaume de Bourges.

L'année suivante, Henri V et Charles VI s'éteignent tous deux. Henri VI (1421-1471), le nouveau roi de France et d'Angleterre, n'étant alors âgé que de quelques mois, Jean de Lancastre (duc de Bedford, 1389-1435) est nommé régent et responsable de la Normandie, du Maine, de Calais et de Paris. Dans le camp adverse, le dauphin de France, Charles, se retrouve à la tête de forces affaiblies et ne bénéficie que de peu d'appuis. Mais cela ne l'empêche guère de revendiquer le titre de roi de France, violant ainsi le traité de 1420.

Les événements militaires se poursuivent dans une certaine confusion entre Seine et Loire. Les faibles effectifs et les problèmes de commandement ne permettent pas de victoires décisives. Le duc de Bedford décide toutefois d'ouvrir le chemin du Berry et de conquérir les territoires restés aux mains du dauphin.

LE SURSAUT FRANÇAIS ET LA VICTOIRE

Le réveil français (1429-1444)

En 1429, le duc de Bedford fait le siège d'Orléans. Alors qu'il pensait prendre la ville rapidement, le siège s'enlise durant de longs mois. Mais une jeune paysanne du nom de Jeanne d'Arc parvient à délivrer la ville le 29 avril 1429. Il faut dès lors

définir une stratégie pour mettre cette victoire
à profit, mais l'entourage du roi est divisé entre
l'idée de se rendre en Normandie ou de reprendre
la ville de Paris. Charles décide, sur les conseils de
Jeanne d'Arc, de se rendre à Reims pour s'y faire
sacrer roi de France dans la cathédrale le 17 juillet. Par cet acte symbolique, il entend se placer
comme souverain légitime du royaume et gagner
ainsi la fidélité de ses sujets. En réponse, le duc
de Bedford fait couronner Henri VI roi de France
à Paris en 1431.

Jeanne d'Arc au siège d'Orléans, tableau de Jules Eugène Lenepveu, 1886-1890.

Les Français poursuivent leurs opérations et, entre 1429 et 1430, reprennent aux Anglos-Bourguignons les villes de Laon, Soisson, Senlis et Compiègne, mais ils échouent devant Paris. Face au retour de la peste et de la crise économique, et devant l'agitation grandissante des grands du royaume, le roi de France est contraint de marquer un temps d'arrêt dans sa reconquête.

Jeanne d'Arc

Née vers 1412 dans le village de Domrémy, Jeanne d'Arc annonce avoir entendu les voix des saintes Catherine et Marguerite ainsi que celles de l'archange saint Michel lui intimant de se rendre auprès du dauphin Charles pour chasser les Anglais du royaume. Celles-ci lui confient également qu'elle lèvera le siège devant la ville d'Orléans et qu'elle devra mener le dauphin à Reims en vue de son sacre. L'intervention de Jeanne d'Arc est importante car elle a lieu alors que le parti français est au plus mal. Elle guide non seulement le roi dans sa stratégie d'attaque, mais remotive également les troupes et redonne espoir aux Français. C'est pourquoi les Anglais et leurs alliés sont si prompts à la capturer et à la condamner à mort. Faite prisonnière à Compiègne par les Bourguignons en 1430, elle est vendue aux Anglais puis jugée comme sorcière et brûlée sur le bûcher à Rouen le 30 mai 1431. La notoriété de Jeanne d'Arc gagne rapidement tout l'Occident. Elle devient une héroïne nationale au XIXe siècle, est béatifiée en 1909, puis canonisée et proclamée patronne de la France en 1920.

Si Charles VII n'a pas les moyens de poursuivre les opérations militaires, il œuvre au rapprochement avec le parti bourguignon. Par le traité d'Arras de 1435, Philippe le Bon, duc de Bourgogne, renonce à son alliance avec l'Angleterre et se rallie au roi de France, mettant ainsi fin à près de 30 ans de guerre civile en France.

En Angleterre, le parti de la paix perd un soutien précieux lors du décès du duc de Bedford en 1435. Les tensions montent alors entre le chancelier Henri Beaufort (vers 1374-1447), favorable à des négociations avec la France, et le duc de Gloucester (1394-1447), partisan de la guerre. Mais, alors que les défaites militaires se multiplient pour les Anglais, et que Charles VII fait son entrée à Paris le 12 novembre 1437, Henri VI, désormais majeur, décide en 1444 de négocier une trêve avec Charles VII.

Les Anglais hors de France (1444-1453)

Charles VII met à profit cette trêve pour réorganiser entièrement les forces militaires françaises. Par l'ordonnance du 15 mai 1445, il jette les bases d'une armée permanente. Elle est composée de la grande ordonnance, un ensemble de 15 puis de 20 compagnies, placées chacune sous le commandement d'un capitaine. Chacune comporte de 100 lances, accompagnés chacun d'un page, d'un valet, de deux ou trois archers et d'un coutilier (fantassin armé d'une lance et d'une dague). Charles VII peut ainsi en permanence compter sur une cavalerie de campagne d'environ 12 000 hommes, à laquelle il faut ajouter la petite ordonnance constituant l'armée de garnison, et une cavalerie légère. Afin de compléter ce dispositif, il crée en 1448 le corps des francs-archers, qui s'avérera malheureusement peu efficace. Charles VII se dote également d'une puissante artillerie, grâce à ses ingénieurs, les frères Bureau. Durant la première moitié du XVe siècle, l'artillerie s'est en effet diversifiée, notamment grâce à ses pièces plus légères et plus faciles à manier et à transporter. C'est grâce à leur usage que Charles VII doit la rapidité de la reconquête des villes de Normandie et de Gascogne.

Fort de sa nouvelle armée, et s'étant assuré le soutien du duc de Bretagne, Charles VII rompt la trêve en 1449 et entreprend la conquête de la Normandie. Les Français lancent plusieurs attaques par le nord, le centre et l'ouest, et étouffent l'ennemi qui peine à réagir, l'Angleterre ne pouvant plus assurer le paiement régulier des soldes de ses hommes. Le roi de France en profite pour entrer triomphalement dans Rouen le 10 novembre 1449. Le 15 avril 1450, il écrase l'armée envoyée par Henri VI pour porter secours à son artillerie, à Formigny. Les villes normandes capitulent et, grâce à sa supériorité militaire et à une habile politique de conciliation, la Normandie rentre dans le giron français moins d'un an après le début des opérations.

L'armée française descend ensuite la vallée de la Dordogne au printemps 1451, soumettant les villes les unes après les autres jusqu'à la capitulation de Bordeaux, le 30 juin, suivie de celle de Bayonne le 20 août. Les Bordelais, refusant de se soumettre au roi de France, rappellent toutefois les Anglais en 1452. Henri VI répond à leur demande en envoyant une troupe de 3 000 hommes sous le commandement de John Talbot (vers 1384-1453). Charles VII et ses alliés bretons lancent la contre-attaque en 1453 et postent une armée de 8 000 hommes sur les bords de la Dordogne, à proximité de la ville de Castillon. À l'appel de la population, Talbot remonte le fleuve avec 5 000 hommes, et une bataille éclate le 17 juillet. Les Anglais sont rapidement dépassés par la puissance de feu de l'armée française, équipée de 300 bombardes. Malgré leurs tentatives, ils sont écrasés en quelques heures à peine. Charles VII, qui refuse de discuter avec les villes d'Aquitaine qui poursuivent leur résistance, parvient à les soumettre par la force, et fait le siège de Bordeaux à la fin du mois de juillet 1453. Alors que la capitale rebelle se prépare à une longue attente, les bourgeois de la ville se rendent le 19 octobre, craignant la force de destruction de l'artillerie française.

Avec la reddition de Bordeaux, le roi de France est maître de l'ensemble de son royaume, à l'exception de la ville de Calais. C'en est fini de la guerre de Cent Ans.

RÉPERCUSSIONS

UNE GUERRE SANS FIN

Si l'on considère que la guerre de Cent Ans prend fin en 1453 avec la reddition de Bordeaux, aucun traité ne vient cependant sanctionner l'arrêt des combats. Des escarmouches ont encore lieu, notamment sur l'île de Ré et dans le port de Sandwich en 1457. Il faut attendre la paix de Picquigny conclue en 1475 pour voir apparaître une trêve officielle entre les deux royaumes.

Malgré tout, si les historiens ont retenu l'année 1453, c'est qu'un élément fait l'unité de la période de la guerre de Cent Ans : la mise en danger de l'intégrité du territoire français par la présence anglaise sur le continent. Or, si en 1453 il reste encore une enclave calaisienne, la France en tant qu'unité territoriale n'est plus menacée. Cette année marque donc une rupture dans les relations tumultueuses franco-anglaises.

LA RECOMPOSITION DU TISSU SOCIO-SPATIAL

Les conséquences de la guerre de Cent Ans sur la démographie et l'organisation de l'espace aussi bien français qu'anglais sont importantes.

Entre les années 1330 et 1450, le royaume de France perd environ 42 % de sa population, et l'Angleterre près de 40 %. Si la guerre est un des facteurs indéniables de cette chute démographique, principalement en France où ont lieu les combats, elle est également et surtout due aux conséquences indirectes des affrontements : destruction des cultures, famine et épidémies. En outre, on assiste à un déplacement des populations des campagnes vers les villes pour y chercher protection. C'est pourquoi, à la fin de la guerre, les seigneurs tentent de repeupler leurs terres, et sont pour cela obligés d'accorder aux paysans de nouveaux avantages, ces derniers se liant naturellement au seigneur le plus offrant.

Pourtant, les villes sont elles aussi frappées par la guerre. Face aux sièges, à la destruction des faubourgs et à l'agitation populaire, le dynamisme urbain qui s'était développé avant le conflit est fortement touché, même si les besoins de la guerre entraînent la mise en place d'une administration municipale qui perdure après 1453. À l'inverse, les villes anglaises profitent du détournement de nombreuses voies maritimes en leur faveur et connaissent à cette époque une croissance lente et régulière, avec l'apparition des premières industries de toile.

Les rapports sociaux sont eux aussi victimes de ce climat de conflit perpétuel. Plusieurs générations naissent et meurent sans avoir connu la paix, ce qui mène à une certaine banalisation de la violence.

DES RÉGIMES POLITIQUES QUE TOUT OPPOSE

La guerre de Cent Ans a des conséquences irréversibles sur l'évolution politique des deux royaumes. Alors qu'en 1337 la France et l'Angleterre étaient des monarchies de type féodal, ces deux pays n'ont en 1453 plus rien en commun quant à leur organisation et leur philosophie politique.

Vers l'absolutisme royal français

Le roi de France acquiert un pouvoir quasi absolu sur son royaume. Alors que le pouvoir royal est directement menacé par la présence anglaise, Charles VII met en place, par le biais de la propagande, tout un cérémonial autour de la personne royale, faisant d'elle un être élu du Seigneur. Le roi de France devient ainsi un souverain de droit divin. À la fin de la guerre, Charles VII détient tous les pouvoirs : il contrôle l'impôt devenu permanent, est à la tête d'une puissante armée et possède à son service tout un ensemble d'agents formés au droit et répartis sur le territoire, avec notamment la création des parlements de province.

Face à lui, la noblesse française est totalement discréditée à la suite notamment d'une forte baisse de leurs revenus et aux humiliations nées des défaites militaires. Le temps n'est plus aux exploits chevaleresques mais à une armée entraînée à la guerre, efficace et meurtrière. Pour autant, plusieurs grands fiefs résistent à la centralisation du pouvoir, notamment la Bretagne et la Bourgogne. Louis XI (1423-1483), qui succède à Charles VII, poursuit l'élan de mainmise directe sur le territoire, amorcé par son père avec le départ des Anglais. Par une politique de protection des frontières, il s'assure en 1462 le contrôle du Languedoc et du duché de Savoie. La soumission de la Bourgogne s'avère plus complexe, mais Louis XI parvient à vaincre Charles le Téméraire (1433-1477) lors du siège de Nancy. Il récupère ainsi la Bourgogne, la Picardie, le Boulonnais, l'Artois et le Hainaut. Son projet se poursuit avec la captation entre 1480 et 1482 de l'héritage de René, duc d'Anjou et comte de Provence (1409-1480). Ne reste plus que le duché de Bretagne, dont l'annexion est préparée en 1491 par le mariage du nouveau roi Charles VIII (1470-1498) avec la duchesse Anne de Bretagne (1477-1514). La ville de Bordeaux est quant à elle placée sous étroite surveillance avec la construction d'un fort à chacune des deux extrémités de l'espace urbain.

Les premiers pas de la monarchie parlementaire anglaise

Alors que la monarchie française évolue vers un absolutisme de droit divin, son homologue anglais connaît une évolution contraire. C'est le Parlement et la noblesse qui sortent grands vainqueurs de la guerre. Ceci peut s'expliquer dans un premier temps par le système fiscal anglais qui diffère du système français depuis la Grande Charte de 1215. En effet, c'est le Parlement qui accorde au roi la levée d'un impôt. Aussi, en temps de guerre, ce dernier est obligé de se plier aux exigences des Lords et des Communes s'il souhaite poursuivre ses opérations militaires. Ceci confère à ces deux chambres un grand pouvoir.

De même qu'en France, la monarchie anglaise nourrit une réflexion sur la nature du pouvoir. Mais alors que l'une tend vers la sacralisation, l'autre se tourne vers une monarchie parlementaire, allant jusqu'à abandonner l'initiative des lois au profit de cette assemblée. C'est que la défaite de l'Angleterre n'a fait que renforcer le discrédit de la royauté, et la rumeur populaire accuse Henri VI et ses conseillers de traîtrise. En août 1453, le roi sombre dans la folie, laissant libre court aux ambitions des grands nobles, qui finissent par s'affronter dans une guerre civile, appelée la guerre des Deux-Roses (1455-1485).

LA NAISSANCE DES NATIONS

La guerre de Cent Ans marque la naissance de la conscience nationale dans chacun des deux pays. Celle-ci revêt toutefois des réalités différentes.

En Angleterre, la construction d'une identité collective est antérieure à la guerre de Cent Ans. Celle-ci est apparue naturellement au sein du peuple anglais, notamment en raison de la singularité de sa géographie. L'Angleterre étant une île, la population anglaise a rapidement développé un sentiment de supériorité envers l'extérieur, qui ne fait que se renforcer avec les victoires éclatantes du début de la guerre de Cent Ans. En outre, Édouard III a su exploiter les succès militaires auprès du peuple par une propagande active, poursuivie par ses successeurs, notamment les Lancastres, avec la diffusion d'épopées nationales autour des victoires d'Henri V.

En France, la situation est très différente. En effet, au début de la guerre, le peuple français n'existe pas en tant qu'entité. Dans un vaste pays aux limites assez floues, les particularités régionales restent très marquées. La construction d'une identité nationale collective est donc le résultat d'un travail réalisé par les grands du royaume. Dès l'intronisation de Charles V, se met en place un travail de constitution théorique de l'unité française par l'exaltation d'une histoire nationale glorieuse et de la grandeur du pays. L'appartenance du peuple à cette identité en devenir ne se forge que dans un second temps, autour du rejet de l'occupant anglais, considéré comme responsable des malheurs du temps.

Enfin, la constitution d'une identité nationale ne peut se faire sans la promotion d'une langue parlée par l'ensemble du peuple. Dans ce sens, la guerre de Cent Ans marque une grande rupture linguistique. Dans les années 1330, le latin était en effet la langue utilisée dans les actes officiels et littéraires, alors que le français, des deux côtés de la Manche, était la langue de l'aristocratie et de la diplomatie. Le peuple, quant à lui, faisait usage de divers dialectes locaux. Dès le début de la guerre, Édouard III, pourtant de tradition française, ordonne à tous ses sujets d'apprendre et de parler l'anglais, et, à partir de 1362, l'ensemble des procès se tiennent dans cette langue. Pour autant, l'usage du français persiste. La véritable rupture se produit sous la dynastie des

Lancastres. Au tournant des années 1400, les premières œuvres littéraires en anglais voient le jour, et son usage se répand jusque dans les actes officiels du royaume. Ainsi, à la fin de la guerre de Cent Ans, le français a pratiquement disparu d'Angleterre.

En France, on tente aussi de répandre l'usage du français afin qu'il supplante le latin. Charles V s'attache ainsi à promouvoir cette langue nationale dans l'ensemble des actes officiels, le but étant d'afficher l'identité et l'indépendance du royaume. Il faut toutefois relativiser l'usage populaire du français face aux langues régionales.

À la fin de la guerre de Cent Ans, les deux pays connaissent donc des destins fortement éloignés l'un de l'autre. La guerre a permis à chacun de se former une unité territoriale et de s'affirmer en tant que nation, ouvrant ainsi une nouvelle aire dans l'histoire de l'Europe occidentale.

EN RÉSUMÉ

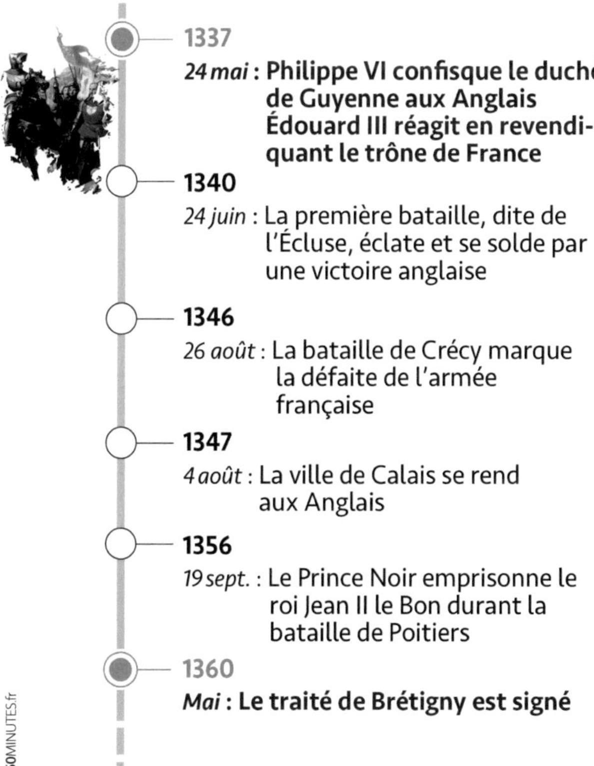

1337

24 mai : **Philippe VI confisque le duché de Guyenne aux Anglais Édouard III réagit en revendiquant le trône de France**

1340

24 juin : La première bataille, dite de l'Écluse, éclate et se solde par une victoire anglaise

1346

26 août : La bataille de Crécy marque la défaite de l'armée française

1347

4 août : La ville de Calais se rend aux Anglais

1356

19 sept. : Le Prince Noir emprisonne le roi Jean II le Bon durant la bataille de Poitiers

1360

Mai : **Le traité de Brétigny est signé**

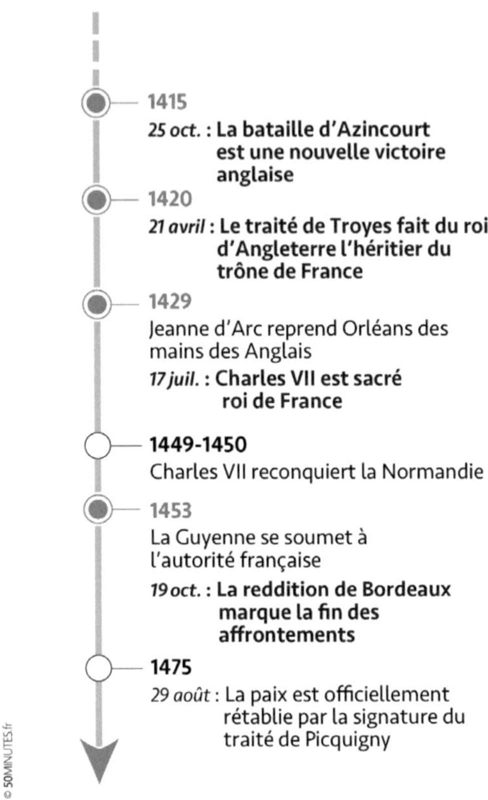

- Le 1er février 1328, le roi de France Charles IV s'éteint sans héritier mâle. Philippe de Valois, son cousin, est désigné comme successeur.
- Le 24 mai 1337, alors que les royaumes de France et d'Angleterre sont en lutte pour s'as-

surer l'hégémonie en Flandre, le roi de France Philippe VI confisque le duché de Guyenne aux Anglais. En réponse, Édouard III revendique la couronne française.

- En 1340 a lieu la première bataille de la guerre de Cent Ans, la bataille de l'Écluse qui voit les Anglais l'emporter.

- En 1346, les victoires s'enchaînent pour les Anglais, notamment grâce à la tactique de la chevauchée. L'armée française est ainsi défaite à Crécy le 26 août, tandis que la ville de Calais se rend aux Anglais le 4 août de l'année suivante.

- En 1356, les deux armées se rencontrent à Poitiers, où le roi Jean II est fait prisonnier par le Prince Noir.

- Alors qu'il est toujours retenu captif, Jean II est contraint de signer le traité de Brétigny au mois de mai 1360. Il perd ainsi le quart de son royaume. Édouard III s'engage toutefois à renoncer à ses prétentions sur le trône.

- Entre 1369 et 1380, le roi de France Charles V parvient à reconquérir l'ensemble des territoires perdus lors du traité de Brétigny. Les Anglais ne possèdent plus que Calais et la Guyenne.

- Une série de trêves sont signées à partir de l'année 1388.
- Pendant ce temps, la France est en proie à une guerre civile longue de 28 ans qui voit s'opposer les Armagnacs et les Bourguignons.
- En 1415, le roi d'Angleterre Henri V débarque en Normandie et anéantit l'armée française à Azincourt le 25 octobre.
- Par le traité de Troyes du 21 avril 1420, Charles VI reconnaît le roi d'Angleterre comme héritier du royaume de France.
- La France étant au plus mal, Jeanne d'Arc, poussée par des voix divines, se lance dans la guerre et libère au nom du roi Charles VII la ville d'Orléans en 1429. Elle mène ensuite le dauphin a Reims afin qu'il y soit sacré roi.
- Par la paix d'Arras, signée le 21 septembre 1435, le duc de Bourgogne Philippe le Bon se range du côté de la France, mettant ainsi fin à la guerre civile.
- Entre 1449 et 1450, Charles VII parvient à reconquérir la Normandie.
- Le roi de France entame en 1451 la reconquête de la Guyenne. Malgré une résistance acharnée, il soumet définitivement la province en 1453 suite à la reddition de Bordeaux le 19 octobre.

- À la fin de la guerre, Charles VII, roi quasi absolu de droit divin, est maître de l'ensemble de son territoire qu'il contrôle grâce à son armée et son réseau administratif. Henri VI, quant à lui, pris dans la tourmente de la défaite, se voit contraint de composer avec un Parlement fort.

Votre avis nous intéresse !
Laissez un commentaire sur le site de votre
librairie en ligne et partagez vos coups de cœur sur
les réseaux sociaux !

POUR ALLER PLUS LOIN

SOURCES BIBLIOGRAPHIQUES

- AUTRAND (Françoise), *Charles V le Sage*, Paris, Fayard, 1994.

- BERLAND (Florence), *Guerre et société. 1270-1480*, Paris, Atlande, 2013.

- BORDONOVE (Georges), *Charles VII le Victorieux*, Paris, Pygmalion, 2006.

- BUTAUD (Germain), *Les Compagnies de routiers en France (1357-1393)*, Clermont-Ferrand, Lemme Edit, 2012.

- CASSAGNE-BROUQUET (Sophie), *Histoire de l'Angleterre médiévale*, Paris, Ophrys, 2000.

- CHARMASSON (Thérèse), *Chronologie de la France médiévale*, Paris, PUF, 1998.

- CONTAMINE (Philippe), *La guerre au Moyen Âge*, Paris, PUF, 1999.

- FAVIER (Jean), *La guerre de Cent Ans*, Paris, Fayard, 1980.

- GAUVARD (Claude), *La France au Moyen Âge du Ve au XVe siècle*, Paris, PUF, 2002.

- GAUVARD (Claude), DE LIBERA *(Alain) et* ZINK *(Michel), Dictionnaire du Moyen Âge*, Paris, PUF, 2002.

- MINOIS (Georges), *Du Guesclin*, Paris, Fayard, 1993.

- MINOIS (Georges), *La guerre de Cent Ans : naissance de deux nations*, Paris, Perrin, 2008.

- MOLLAT DU JOURDIN (Michel), *Genèse médiévale de la France moderne*, Paris, Seuil, 1977.

- MOLLAT DU JOURDIN (Michel), *La guerre de Cent Ans par ceux qui l'ont vécue*, Paris, Seuil, 1992.

- PALADILHE (Dominique), *La bataille d'Azincourt 1415*, Paris, Perrin, 2002.

- TROPLONG (Edouard), *De la fidélité des Gascons aux Anglais*, Pau, Princeps Negre Editor, 2000.

SOURCES COMPLÉMENTAIRES

- AUTRAND (Françoise), *Charles VI : la folie du roi*, Paris, Fayard, 1986.

- BARBER (Richard William), *The Life and Campaigns of the Black Prince*, Woodbridge, Boydell Press, 1997.

- BARTHE (Jean), *La victoire de Castillon : 17 juillet 1453*, Bordeaux, Éditions du Sud-Ouest, 1997.

- BEAUNE (Colette), *Jeanne d'Arc*, Paris, Perrin, 2004.

- CONTAMINE (Philippe), GIRY-DELOISON (Charles) et KEEN (Maurice Hugh), *Guerre et société en France, en Angleterre et en Bourgogne : XIVe-XVe siècle*, Villeneuve-d'Ascq, Centre d'histoire de la région du Nord et de l'Europe du Nord-Ouest, 1991.

- CURRY (Anne) et Hugues (Michael), Arms, Armies and Fortifications in the Hundred Years War, Woodbridge, Boydell Press, 1994.

- HOSKINS (Peter), *In the Steps of the Black Prince: the Road to Poitiers. 1355-1356*, Woodbridge, Boydell Press, 2011.

- JONES (Michael), *La Bretagne ducale : Jean IV de Montfort entre la France et l'Angleterre 1364-1399*, Rennes, PUR, 1998.

- MINOIS (Georges), *Poitiers. 19 septembre 1356*, Paris, Tallandier, 2014.

- MOEGLIN (Jean-Marie), *Les Bourgeois de Calais : essai sur un mythe historique*, Paris, Albin Michel, 2002.

- MOISANT (Joseph), *Le Prince Noir en Aquitaine*, Pau, Princi Negre Editor, 2003.

- NICOLLE (David), *Crecy 1346 : Triumph of the Longbow*, Oxford, Osprey, 2000.

- NICOLLE (David), *French Armies of the Hundred Years War*, Oxford, Osprey, 2000.

- OFFENSTADT (Nicolas), *Faire la paix au Moyen Âge : discours et gestes de paix pendant la guerre de Cent Ans*, Paris, Odile Jacob, 2007.

- Royer-Hemet (Catherine), *Prédication et propagande au temps d'Édouard III Plantagenêt*, Paris, PUPS, 2014.

- Schnerb (Bertrand), *Les Armagnacs et les Bourguignons : la maudite guerre*, Paris, Perrin, 2001.

- Soyez (Jean-Marc), *Quand les Anglais vendangeaient l'Aquitaine : d'Aliénor à Jeanne d'Arc*, Bordeaux, Les Dossiers d'Aquitaine, 1999.

- Viennot (Éliane), *La France, les femmes et le pouvoir, l'invention de la loi salique* (V^e-XVIe siècle), Paris, Perrin, 2006.

SOURCES ICONOGRAPHIQUES

- *La bataille de Crécy*, illustration issue des Chroniques de Jean Froissart, XVe siècle. La photo reproduite est réputée libre de droits.

- *Mort de Bertrand Du Guesclin au siège de Randon*, illustration présente dans un manuscrit de Jean de Wavrin, XVe siècle. La photo reproduite est réputée libre de droits.

- *Jeanne d'Arc à Reims lors du couronnement de Charles VII*, tableau de Jules Eugène Lenepveu, 1886. La photo reproduite est réputée libre de droits.

- *La bataille de Crécy*, illustration apparaissant dans Les Grandes Chroniques de France, vers 1415. La photo reproduite est réputée libre de droits.

- *Charles de Blois fait prisonnier*, illustration apparaissant dans les Chroniques de Jean Froissart, vers 1410. La photo reproduite est réputée libre de droits.

- *La bataille d'Azincourt*, miniature tirée de l'Abrégé de la chronique d'Enguerrand de Monstrelet, XVe siècle. La photo reproduite est réputée libre de droits.

- *Jeanne d'Arc au siège d'Orléans*, tableau de Jules Eugène Lenepveu, 1886-1890. La photo reproduite est réputée libre de droits.

CHRONIQUES

- Les Grandes Chroniques de France, XIIIe et XIVe siècle.

- LE BEL (Jean), Chroniques, Paris, Renouard, XIVe siècle.

- CHANDOS (John), Life of the Black Prince, Oxford, XIVe siècle.

- DE VENETTE (Jean), Chronique, XIVe siècle.

- FROISSART (Jean), Chroniques, XIVe siècle.

- Journal d'un bourgeois de Paris, 1405-1449.

- DE PISAN (Christine), Le Livre des faits et bonnes mœurs du sage roi Charles le Quint, XVe siècle.

- DE MONSTRELET (Enguerrand), *Chroniques*, XVe siècle.

- D'ESCOUCHY (Mathieu), *Chronique*, XVe siècle.

ADAPTATIONS LITTÉRAIRES

- SHAKESPEARE (William), *Henri VI*, 1589-1592.

- SHAKESPEARE (William), *Richard III*, 1592-1593.

- SHAKESPEARE (William), *Richard II*, vers 1595.

- SHAKESPEARE (William), *Henri IV*, 1597-1598.

- SHAKESPEARE (William), *Henri V*, 1598-1599.

- NAUDIN (Pierre), *Cycle Ogier d'Argouges*, 1978-1993.

- NAUDIN (Pierre), *Cycle de Tristan de Castelreng*, 1996-1998.

- NAUDIN (Pierre), *Cycle de Guy de Clairbois*, 1999-2006.

- RUFFIN (Jean-Christophe), *Le Grand Cœur*, 2012.

ISBN ebook : 978-2-8062-6718-4
ISBN papier : 978-2-8062-6717-7
Dépôt légal : D/2015/12603/311
Photo de couverture : *Bataille de Crécy*, tableau de Jean Froissard. Image libre de droits.

Conception numérique : Primento,
le partenaire numérique des éditeurs